REVUE TRIMESTRIELLE DE DROIT CIVIL

EXTRAIT

DE LA COMPENSATION DE LA PART
DES HÉRITIERS DU MARI
dans le prix de licitation d'un bien commun
avec une créance de la femme adjudicataire

Par M. Amédée LELOUTRE
Docteur en droit

LIBRAIRIE
DE LA SOCIÉTÉ DU
RECUEIL SIREY
22, rue Soufflot, PARIS, 5e arrond.
L. LAROSE & L. TENIN, Directeurs

1910

DE LA COMPENSATION DE LA PART
DES HÉRITIERS DU MARI
DANS LE
PRIX DE LICITATION D'UN BIEN COMMUN
AVEC UNE
CRÉANCE DE LA FEMME ADJUDICATAIRE

Par M. Amédée Leloutre,

Docteur en droit.

Diverses idées primordiales paraissent avoir inspiré le législateur lors de la réglementation des successions.

L'une de ces idées n'est autre que l'idée très générale selon laquelle tout droit, de quelque nature qu'il soit, propriété ou droit de créance, se divise immédiatement lorsqu'il est acquis par plusieurs personnes. C'est là une idée qui a été admise tout simplement parce qu'il était impossible de ne pas l'admettre, le droit ne pouvant entrer dans le patrimoine des acquéreurs qu'à la condition de se diviser au préalable. C'est là aussi une idée d'une application très fréquente, puisqu'il devient nécessaire d'y avoir recours chaque fois que plusieurs personnes sont appelées à acquérir d'un seul et même auteur.

La division du droit entraîne, pour certaines créances dont l'objet est lui-même susceptible de division, créances visées par l'article 1220, et d'ailleurs de beaucoup les plus nombreuses, à tel point que nous ne nous occuperons plus désormais que de celles-là, une conséquence

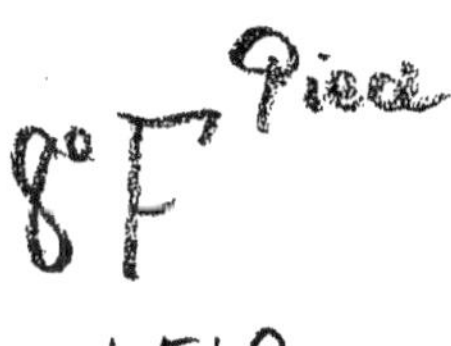

qui doit être signalée. Alors qu'en ce qui concerne la propriété la division s'arrête au droit de propriété, la chose ne pouvant être divisée en parts absolument égales, au contraire, pour les créances, aucun obstacle ne s'y opposant, il est tout naturel que la division emporte la division de la chose due, et que ce soit ainsi la créance tout entière qui se divise entre les acquéreurs et non pas seulement le droit de créance.

De cette division complète de la créance découlent certains effets importants. Non seulement chaque acquéreur peut céder sa part dans la créance comme il le pourrait si le droit seul s'était divisé; mais il peut encore poursuivre le débiteur pour obtenir le paiement de sa part; il peut recevoir ce paiement si le débiteur offre de payer, il peut délivrer dans la mesure de sa part une quittance valable. Enfin, s'il est lui-même débiteur, il peut compenser sa dette jusqu'à due concurrence avec sa part dans la créance.

Tout ce que nous venons de dire sur la situation d'acquéreurs en présence d'un auteur unique, le législateur l'a purement et simplement appliqué aux héritiers appelés à recueillir une même succession. Voyons maintenant une seconde idée dont il s'est inspiré.

Le fait que chaque héritier devient au jour du décès propriétaire ou créancier pour sa part aux lieu et place du défunt peut offrir de graves inconvénients. Il en résulte en effet que cet héritier peut avant tout partage disposer de sa part au profit d'un tiers. S'il en a ainsi disposé, ses héritiers n'obtiendront lors du partage qu'un lot amoindri, chacun des biens mis dans leur lot ayant été aliéné pour partie. Sans doute ils auront un recours contre l'auteur de l'aliénation. Mais il serait préférable d'éviter ces poursuites entre héritiers. De ces considérations on a conclu qu'il importait de ne pas maintenir l'aliénation consentie avant le partage par un héritier au préjudice des autres héritiers.

Cette idée explique le principe, inscrit dans l'article 883 du Code civil, aux termes duquel chaque cohéritier est censé avoir succédé seul et immédiatement à tous les effets compris dans son lot. Ainsi les actes de disposition accomplis par ses cohéritiers ne lui seront pas opposables, puisqu'il est réputé tenir ses biens du défunt lui-même.

A première vue, cette règle est générale et paraît devoir s'appliquer à tous les biens de la succession.

Cependant une difficulté est née à ce sujet, et l'on s'est demandé si l'article 883 s'appliquait aux créances comme aux autres biens. D'après ses termes mêmes, l'article 883 ne s'applique qu'aux biens que l'héritier reçoit dans son lot lors du partage. Or les créances se sont divisées d'une manière complète lors du décès. Elles ne peuvent donc figurer au partage, et entrer dans la composition des lots. On ne partage pas ce qui est déjà partagé. Il faudrait donc renoncer sans hésitation à appliquer l'article 883 aux créances, si un autre texte, l'article 832, ne décidait que les créances figureront au partage pour entrer s'il se peut en quantité égale dans chaque lot.

Tout ce qui a été écrit pour résoudre ce conflit des articles 1220 et 832 ne paraît guère avoir abouti. Il est impossible de ne tenir compte que d'un seul des textes, car alors c'est violer l'autre. et d'autre part, toute solution qui tend à les concilier en faisant à chacun d'eux une part d'application paraît quelque peu arbitraire. Ne peut-on dès lors, et ne doit-on pas aborder franchement la difficulté, constater que l'on est en présence d'une énigme légale impossible à résoudre, et en s'inspirant de considérations de fait, chercher la solution qui paraît de nature à satisfaire le mieux les intérêts pratiques?

A ce dernier point de vue deux considérations paraissent devoir conduire à la meilleure solution.

D'une part, il faut veiller à prémunir les héritiers contre les risques d'insolvabilité des débiteurs. Il faut aussi permettre aux débiteurs de se libérer, si bon leur semble, conformément au droit commun. D'autre part, et sous ces réserves, il y aurait lieu d'appliquer aux créances comme aux autres biens l'article 883, les mêmes raisons de fait motivant cette application.

De la première de ces deux idées, il résulte que les héritiers pourront poursuivre les débiteurs chacun pour leur part et en obtenir paiement. Les débiteurs pourront payer chaque héritier pour sa part et retirer valable quittance.

Mais, ces restrictions admises, l'article 883 s'applique. Si la créance est mise pour le tout dans le lot de l'un des héritiers, cet héritier est réputé avoir reçu cette créance du défunt. Sous réserve des paiements effectués, la fiction produira son plein effet. Les actes de disposition des autres héritiers seront à son égard non avenus. Ces derniers n'auront pu davantage compenser leur part dans la créance avec leur propre dette. Ainsi se trouve déterminée la mesure dans laquelle le principe de l'article 883 paraît pouvoir être appliqué aux créances.

Nous connaissons maintenant deux règles essentielles des successions, l'une relative à la division des biens du défunt et l'autre à l'effet déclaratif du partage. Ces deux règles sont-elles applicables aux biens communs lors de la dissolution de la communauté ?

En ce qui concerne la première de nos règles, celle relative à la division des biens, ce n'est pas à proprement parler à la date de la dissolution de la communauté que la question se pose. Elle se pose beaucoup plus tôt, lorsqu'un bien entre en communauté. La communauté, en effet, n'est pas une personne morale. Il n'y a pas, entre les époux, de patrimoine qui puisse recueillir le bien. Si donc le bien se divise, c'est à la date où il est devenu commun que la division a dû se produire.

Il faut faire une remarque analogue quant à la seconde règle, étroitement connexe à la première. Si l'effet déclaratif s'applique aux biens communs, c'est à l'époque où le droit s'est divisé que cet effet devra remonter.

L'article 1476 du Code civil détermine les règles des successions qu'il y a lieu d'appliquer en matière de communauté. D'après ce texte, le partage de la communauté, pour tout ce qui concerne ses formes, la licitation des immeubles quand il y a lieu, les effets du partage, la garantie qui en résulte, et les soultes, est soumis à toutes les règles qui sont établies au titre des successions pour les partages entre cohéritiers. De là un doute en ce qui concerne tout au moins l'application de notre première règle aux créances communes. Les rédacteurs du Code civil s'occupent de la division des créances héréditaires dans l'article 1220. D'une manière certaine, l'article 1476, renvoyant aux règles établies au titre des successions, ne renvoie pas à l'article 1220, qui ne figure pas à ce titre. On pourrait donc hésiter. Mais il est possible d'écarter toute espèce de doute. Les époux sous le régime de communauté, comme en matière de succession les héritiers, sont exactement dans la situation d'acquéreurs conjoints. Il faudrait dès lors un texte formel pour écarter la division et ce texte n'existe pas. Tenons donc pour certain que notre première règle est applicable. En ce qui concerne la seconde règle, celle de l'article 883, il n'y a aucune difficulté. Il y a lieu de l'appliquer en matière de communauté, puisque l'article 1476 renvoie expressément aux règles des successions pour les effets du partage.

Conformément à notre première règle, les créances communes se divisent. Cette division se produit lorsque la créance entre dans la communauté. Au jour de la dissolution de la communauté, elle continue d'être divise.

La division des créances communes produit d'ailleurs les effets que nous avons déjà signalés. Tout ce que nous avons dit sur les conséquences qui résultent de cette division, soit au point de vue du droit de poursuite des débiteurs, de la faculté de recevoir paiement et délivrer quittance, soit au point de vue de la compensation ou de la cession, s'applique aux créances communes.

Mais si les effets de la division des créances paraissent en fin de compte devoir se produire pour toute sorte de créances héréditaires, communes ou autres, il y a cependant des cas où ils ne se produisent pas tous, et même où ils ne se produisent pas du tout.

Un premier cas est fourni par l'application du principe, de l'article 883. Lorsqu'une créance commune ou héréditaire sera mise pour le tout au lot de l'un des ayants droit, les actes de disposition accomplis par les autres ayants droit ne lui seront pas opposables, non plus que la compensation qui aurait pu se produire de leur chef.

C'est un premier cas où certains effets de la division des créances ne se produisent pas. Indiquons un second cas où ces effets se trouvent paralysés par l'application de certaines règles spéciales.

Tant que dure la communauté, les effets de la division des créances communes ne se produisent pas à raison des pouvoirs du mari sur les biens communs. Le mari a seul l'administration de ces biens. Lui seul peut donc exercer les actions qui naissent des créances communes, en donner quittance, les aliéner. Il y a là un ensemble de règles qui constitue le mari en apparence seul créancier. Cette situation est appelée à prendre fin avec la dissolution de la communauté; mais tant que dure la communauté, elle a pour effet de soumettre les créances communes à un régime très différent de celui que comporterait l'application exclusive du principe de la division des créances.

Si les conséquences de ce principe se trouvent ainsi écartées, ce n'est pas toujours du reste à raison des pouvoirs du mari sur les biens communs. En ce qui concerne certaines créances communes, les créances qui consistent dans des récompenses dues à la communauté par l'un des époux, l'obstacle vient de certaines autres règles spéciales, des règles qui régissent le compte courant des récompenses et des reprises existant entre la communauté et chacun des époux. Mais qu'est-ce au juste que ce compte courant, et comment ses règles peuvent-elles, dans la mesure où elles dérogent aux pouvoirs du mari qui devraient s'exercer sur les créances de récompense comme sur les autres biens communs, paralyser à leur tour l'effet du principe de la division des créances ?

Sous le régime de la communauté, le mari est quelquefois appelé à engager certaines dépenses dans son intérêt personnel ou dans celui de la femme. Il prend pour y faire face des fonds dans la caisse commune et ces sorties de fonds dans l'intérêt des époux donnent lieu à des récompenses au profit de la communauté. A l'inverse la communauté peut être débitrice des époux, qui ont alors contre elle droit à des reprises. Toutes ces créances se rattachent plus ou moins étroitement à une même gestion, celle du mari, qui rassemble entre ses mains l'administration des biens communs et des biens propres. Il convient dès lors de ne pas considérer isolément les créances de la communauté contre l'un des époux d'une part, ou de cet époux contre la communauté d'autre part, mais au contraire de les grouper pour en constituer les éléments d'un compte unique et indivisible dont le reliquat final sera seul à considérer.

On a contesté qu'un pareil compte pût exister entre la communauté et chacun des époux. La communauté n'est pas une personne morale. Comment pourrait-elle figurer dans un compte ?

Ce n'est pas la communauté qui figure dans le compte et l'on ne parle d'elle que pour exprimer l'apparence des choses. Dans la réalité les récompenses dues à la communauté par l'un des époux se divisent de plein droit et il en est de même, au point de vue passif, des reprises que ce même époux peut avoir à exercer contre la communauté. Ces créances de récompenses et de reprises s'éteignent ainsi pour moitié par confusion; mais pour l'autre moitié elles subsistent et forment les éléments d'un compte qui en réalité, s'établit ainsi directement entre les deux époux, et dans lequel la communauté n'a jamais figuré que par suite des habitudes de langage. Un pareil compte peut donc exister bien que la communauté ne soit pas personne morale.

De l'existence de ce compte, il résulte que les créances communes qui consistent dans des récompenses dues à la communauté par l'un des époux ne sont pas soumises exclusivement aux règles qui déterminent les pouvoirs du mari sur les biens communs. Avant tout, il faut les soumettre au régime spécial qui découle de la nature même du compte courant. Les créances de récompenses qui figurent dans ce compte sont appelées à venir se fondre avec les créances en reprise dans le reliquat que fera ressortir la balance établie lors de l'arrêté de compte. Elles deviennent donc en quelque sorte indisponibles, le droit éventuel au reliquat pouvant seul être cédé. Elles ne sauraient non plus se compenser avec des créances étrangères au compte. Il y a loin de ces règles à celles qui résulteraient de l'application pure et simple des pouvoirs du mari. Il y a loin aussi de ces mêmes règles à celles qui résulteraient de l'application pure et simple du droit commun, selon lequel, la créance de récompense s'étant divisée, l'un des époux, devenu créancier pour moitié de l'époux débiteur de la récompense, devrait pouvoir aliéner sa part, ou, le cas échéant, la compenser avec l'une de ses dettes.

Il y a donc des cas où les effets de la division des créances ne se produisent pas. Connaissant ces effets et aussi les cas où ils ne se produisent pas, nous pouvons aborder l'étude de notre espèce (1).

Rappelons tout d'abord dans quels termes cette espèce s'est présentée devant le tribunal de la Seine.

Deux époux sont mariés sous le régime de la communauté réduite aux acquêts. Il a été stipulé dans le contrat de mariage que des titres d'une valeur de 30.000 francs apportés par la femme seraient vendus et que les fonds serviraient à payer le prix d'un immeuble acquis par le mari avant le mariage. Il en est ainsi fait et la femme est subrogée jusqu'à concurrence de 30.000 francs aux droits du tiers vendeur contre le mari.

Survient la dissolution de la communauté par la mort du mari. Peu de temps après la femme achète 97.967 francs un fonds de commerce qui figurait dans l'actif commun et reste débitrice du prix,

Elle cède ensuite, et ceci toujours avant tout partage de la communauté, sa créance de 30.000 francs. Ce transport est dûment signifié aux héritiers du mari. Le cessionnaire engage ensuite contre eux des poursuites pour obtenir paiement.

Les héritiers du mari forment alors une demande en partage de la communauté et mettent en cause le cessionnaire de la créance pour faire prononcer la nullité de la cession. Le tribunal ayant nommé un notaire pour procéder à la liquidation, ce dernier constate que, tout compte fait, la

(1) V. D. 1905. 1. 5.

femme se trouve débitrice de 43.642 francs envers les héritiers du mari.

Dans les premiers considérants de son jugement, le tribunal de la Seine a posé et résolu la question de la manière suivante. Il indique que la créance de 97.967 francs née de la licitation du fonds de commerce s'est au jour de la vente divisée en deux fractions égales. L'une de ces fractions s'est fixée sur la tête de la femme adjudicataire du fonds et s'est éteinte par confusion. L'autre s'est fixée sur la tête des héritiers du mari, et comme ils sont eux-mêmes vis-à-vis de la femme débiteurs de 30.000 francs, il y a eu compensation, leur débitrice continuant d'être tenue à leur égard de l'excédent de sa dette. Dès lors, au jour de la cession consentie par la femme, la créance de 30.000 francs n'existait plus. Le transfert en a donc été nul.

Examinons les diverses propositions ainsi formulées par le tribunal,

Le tribunal considère tout d'abord que la créance née de la licitation a pour objet le prix entier de l'adjudication. Cela ne soulève-t-il aucune espèce de doute? La femme n'acquiert que la moitié du fonds de commerce, puisque pour l'autre moitié elle était déjà propriétaire avant la licitation. Elle ne devrait donc être considérée comme débitrice que pour une portion du prix correspondant à son acquisition.

L'opinion du tribunal est cependant fondée. Ce qui a été licité, ce n'est pas seulement telle ou telle partie du fonds de commerce, mais le fonds de commerce tout entier. La femme, du reste, en se portant adjudicataire, ne s'est-elle pas obligée, conformément au cahier des charges, à payer le prix entier de l'adjudication?

La créance du prix est donc née pour le tout. Le tribunal admet ensuite que cette créance s'est divisée. Cela est-il exact?

Deux sortes de considérations sont en conflit lorsqu'il s'agit de déterminer le sort d'une créance née de la licitation d'un bien dépendant d'une succession ou d'une communauté dissoute.

Les unes tendent à faire à cette créance l'application pure

et simple des règles du droit commun. Une telle créance est, en effet, une créance ordinaire et non pas une créance héréditaire ou commune, puisqu'elle est née après l'ouverture de la succession ou la dissolution de la communauté. Comme, d'ailleurs, les ayants droit sont exactement dans la situation d'acquéreurs conjoints, il faut appliquer tout ce que nous avons dit sur la division des créances en pareil cas et les conséquences qui en résultent. Cela pourra produire d'ailleurs des résultats très regrettables. La créance n'étant ni une créance héréditaire ni une créance commune, l'article 883 ne lui est pas applicable. Les actes de disposition accomplis avant le partage ou les compensations qui ont pu se produire sont opposables au copartageant qui reçoit la créance dans son lot. Un tel résultat est contraire au but du législateur ; car il est évident que l'égalité entre copartageants est un vain mot si l'un d'eux ne conserve pas pour le tout la valeur qui remplace le bien vendu.

Selon un autre point de vue, la créance est subrogée au bien licité. La licitation d'un bien héréditaire ou commun est rangée parmi les cas de subrogation réelle. Ne préjugeons rien pour l'instant des conséquences que peut entraîner cette doctrine. Notons seulement que l'article 883, étant applicable au bien licité, le sera aussi à la créance qui lui est subrogée et qu'ainsi cette doctrine n'offrira pas les mêmes inconvénients que la précédente.

Entre ces diverses considérations il faut choisir. Pour lesquelles opterons-nous ?

La doctrine de la subrogation réelle a rencontré de très vives résistances et les objections qui lui ont été faites sont graves. Sont-elles absolument insurmontables ? Nous ne le croyons pas. Cette doctrine répond à une idée en elle-même admissible : celle qu'un bien qui disparaît d'une masse doit y être remplacé par le bien nouvellement acquis de manière que le fait souvent accidentel de cette substitution modifie le moins possible la composition de la masse. Est-ce là une idée si peu rationnelle qu'il faille un texte pour la faire admettre ? Et s'il se rencontre dans la loi des textes qui paraissent la négliger ou formuler des solutions contraires, ne faut-il pas plutôt les considérer comme des exceptions que comme la négation de l'idée même de subrogation ?

La créance née de la licitation du fonds de commerce se trouve donc subrogée à ce fonds. Quelles conséquences vont découler de cete subrogation ?

Deux idées permettent de lés déterminer. Il faut appliquer à la créance toutes les règles qu'il y aurait lieu d'appliquer au bien licité. C'est là le principe général qui doit fournir à lui seul toute solution, tant qu'il n'y a pas lieu d'y déroger en vertu d'une autre idée qui est la suivante. Le bien subrogé, une créance, n'est pas de même nature que le bien aliéné, qui consistait en un fonds de commerce. On ne peut donc pas le soumettre identiquement au même régime que le bien aliéné. Il y a lieu de modifier ce régime en considération de la nature du bien nouvellement acquis.

De la première de ces deux idées découle notamment la conséquence suivante. Puisque le principe de la division des droits entre acquéreurs conjoints s'applique aux biens communs, il faut l'appliquer à la créance acquise en remplacement du bien licité. Cette créance s'est donc divisée.

De la seconde idée découle maintenant cette conséquence. Le bien nouvellement acquis et ainsi appelé à se diviser étant une créance, tout ce que nous avons dit sur la division des créances et les effets qu'elle comporte au point de vue de la cession, de la compensation, est en principe applicable en l'espèce.

Ainsi la créance née de la licitation s'est divisée. La part échue aux héritiers du mari a pu en principe se compenser avec la créance de la femme. Le tribunal admet que cette compensation s'est produite. Cela est-il exact ? N'y avait-il pas en l'espèce lieu d'appliquer quelqu'une de ces règles qui peuvent, comme nous l'avons vu, paralyser les conséquences normales de la division des créances ?

Peut-être le cessionnaire de la créance de la femme aurait-il pu empêcher la compensation au moyen de l'article 883.

Rappelons tout d'abord que la créance née de la licitation est subrogée au fonds de commerce. Par une conséquence naturelle de la subrogation, l'article 883 lui est applicable comme au fonds de commerce. Mais une créance n'est pas de même nature qu'un fonds de commerce, et il faut se préoccuper de déterminer les conséquences pouvant résulter de l'application de l'article 883 à une créance. Cette difficulté ne saurait nous arrêter longtemps. Nous avons admis en effet que l'article 883 était applicable à certaines créances, aux créances héréditaires et communes. Il n'y aura qu'à traiter au point de vue de l'application de l'article 883 la créance née de la licitation comme une créance héréditaire ou commune.

Rappelons maintenant ce que nous avons dit de l'application de l'article 883 à une créance héréditaire ou commune. Quand cette créance est mise pour le tout dans le lot de l'un des copartageants, la compensation qui s'est produite du chef des autres copartageants ne lui est pas opposable.

Enfin supposons qu'il y ait eu dans la communauté une seconde créance de valeur à peu près égale à celle du prix de vente.

On voit dès lors ce qu'aurait pu faire le cessionnaire. Il aurait pu surveiller la composition des lots et exiger le tirage au sort. Le lot échu à la femme aurait peut-être été celui de la créance du prix. Il aurait pu du chef de la femme invoquer l'article 883. Il n'a cependant rien fait en ce sens et peut-être ne pouvait-il rien faire. Peut-être en effet n'y avait-il pas de seconde créance dans la communauté.

Mais il peut y avoir d'autres obstacles à la compensation de celui de l'article 883. Notamment les créances figurant au compte courant des reprises et récompenses ne peuvent se compenser avec des créances étrangères à ce compte. Ne peut-on prétendre que la créance du prix de vente figurait à ce compte, que la créance de la femme y était étrangère, et que par suite la compensation n'a pu avoir lieu ?

Nous espérons au contraire parvenir à démontrer que ces deux créances étaient toutes les deux étrangères au compte courant et que conformément au droit commun la compensation a pu avoir lieu.

Que la créance de la femme fût étrangère au compte, c'est là ce qu'il est à peine besoin d'établir. Le compte ne comprend que les créances qui auraient pris naissance au profit de la communauté contre l'un des époux et d'autre part les créances de cet époux contre la communauté. Or la créance de la femme ne rentre dans aucune de ces catégories. Elle a été une créance contre son conjoint, puis contre les héritiers de son conjoint. Elle ne figure donc pas et n'a jamais figuré au compte courant (1).

Mais la créance du prix ne figure-t-elle pas à ce compte courant?

Il semble, à première vue, impossible de contester que cette créance fasse partie du compte courant. Le fonds qui a été vendu était un fonds dépendant de la communauté. Il constituait une valeur commune. La créance du prix est donc aussi une valeur dépendant de la communauté. Et comme c'est la femme qui s'est portée adjudicataire, cette créance est bien une créance dépendant de la communauté contre l'un des époux. C'est donc une créance qui figure au compte courant, ou, pour parler d'une manière plus précise, puisque nous savons que cette créance a dû se diviser, la part des héritiers du mari dans cette créance constitue l'un des éléments du compte courant.

Signalons en passant que le tribunal de la Seine, la Cour d'appel et la Cour de cassation avaient tous, du moins implicitement, admis ce point. Mais, ce point admis, ils en tiraient des déductions diverses.

Le tribunal de la Seine, dans les derniers considérants de son jugement, raisonnait comme si la créance de la femme avait elle-même constitué l'un des éléments du compte. Tout devenait dès lors très simple. Le tribunal rappelait que dans le compte courant il n'y a pour ainsi dire ni créancier ni débiteur tant que le compte n'a pas été arrêté, que si l'une des parties cède ses droits, cette cession n'aura de valeur qu'autant qu'elle sera reconnue créancière lors de l'arrêté de compte et dans la mesure où elle sera reconnue

(1) V. en ce sens la note de M. Guillouard au Dalloz, *loc. cit.*

créancière. Le tribunal rappelait ensuite que la femme avait été finalement reconnue débitrice envers les héritiers de son mari d'une somme supérieure au montant de sa créance. Il n'y avait donc pas de reliquat à son profit et par suite la cession par elle consentie n'était pas opposable aux héritiers du mari. Le tribunal estimait donc que les règles du compte courant conduisaient à la même solution que les règles du droit commun dont il avait fait l'application dans ses premiers considérants. Le tribunal perdait au moins de vue que la créance de la femme n'a jamais figuré au compte courant et qu'il raisonnait comme si elle y figurait.

Plus simple et encore plus nette était la déduction de la Cour de cassation. La créance née de la vente étant une valeur dépendant du compte courant, aucune compensation n'a pu s'établir entre cette créance et, en dehors de ce compte, la créance de la femme contre les héritiers de son conjoint. Cette créance est toujours demeurée de libre disposition pour la femme. La cession consentie est valable.

Enfin une troisième opinion avait été formulée par la Cour d'appel. Puisque la créance née de la licitation est demeurée au compte courant, il faut voir quel a été le résultat final de son compte. Or le travail du notaire constate que ce compte s'est soldé par une dette importante de la femme envers les héritiers du mari. La Cour rappelle alors ce principe que l'acte liquidatif remonte quant à ses effets au jour de la dissolution de la communauté. Cette dette de la femme envers les héritiers du mari est réputée avoir pris naissance au jour de la dissolution de la communauté. Elle a donc dû se compenser à cette date avec la créance de la femme contre les héritiers du mari. La femme n'a donc pu céder sa créance, puisque cette créance était éteinte.

Ainsi le tribunal de la Seine, pour consolider les premiers considérants de son jugement, et les Cours d'appel et de cassation avaient tous pris ce même point de départ que la créance née de la licitation était une créance du compte courant. Ce point de départ ne manquait-il pas de solidité?

Il paraît impossible d'admettre que la créance née de la licitation figurait au compte courant, et cela pour cette raison très simple, mais qui nous paraît absolument décisive, qu'une fois la communauté dissoute, il n'y a plus de compte courant. Le compte courant est né de la situation spéciale créée par le régime de communauté. Après la mort du mari, plus de communauté, donc aussi plus de compte courant. Ce compte s'arrête au jour de la dissolution, et il n'y peut entrer de nouvelle créance. La créance née de la licitation n'a donc pu y figurer. C'est une créance ordinaire, soumise comme la créance de la femme aux règles du droit commun.

La compensation a donc pu se produire, et la femme n'a pu céder une créance qui, à la date de la cession, était éteinte par compensation.

Amédée Leloutre.

Le Gérant : L. LAROSE.

BAR-LE-DUC. — IMPRIMERIE CONTANT-LAGUERRE